冴えない男は地球を救う！

安藤 弥生
ANDO Yayoi

文芸社

はじめに

占い師の私は、お客様に会う毎日がとても楽しい。とても大切な時間だ。心を込めて、すべてのお客様と時間を過ごさせてもらっている。

そんな私が書く本の題材は山ほどある。ヒーリング本でも良かったのかもしれない。

しかし、特にここ1年は、愛の表現・行動の間違いによって沢山の家族という船が沈没しかかっていた。どうして沈没する船をそのままにするのか、悪あがきさえしないのか。なぜなんだろうという疑問がふくらんでいた。

ありがたいことに、私のところに来てくださったお客様は勇気をもって克服し幸せを手にする。

私ができることは、持って生まれたリーディング能力をフルに生かした本気のエールだ。

それに何かを見出してくれた魂こそが、心こそが、幸せを引き寄せているのだ。

そのエールを本書に1文字ずつ打ちこもうと思った。

この本のタイトルはあまり気にしないでほしい、本当はもっと心に響くようなものにしたかった。例えば、

「いい夫婦の秘訣」

「君は変われる」

「いい男には訳がある」

しかし、人生は綺麗事では済まされないのだ。済まされないどころか、まるで珍劇場だ。

時に怒り、時に有頂天にもなり、時に落ち込み人生に失望し、一番苦手なものに

はじめに

挑む勇気を感じ、そこから逃げた自分を恥ずかしく感じる。

そして必要とあらば、ガソリン切れでも走り続ける。そうやって綺麗事では済まされない人生が今日も繰り広げられるのだ。

この本を手に取ってくれたあなたは、冴えない男か、冴えない夫を持つ妻か、はたまた冴えない男の彼女か母親か、ただ単に本屋に行ったらこの本が目の前にあっただけか、ありがたいことに、私のお客様か知人か。

本のタイトルに興味を持ってくれたあなたが女性ならば、とにかく冴えない男にとことんイラついていることだろう。人生の無駄な時間を返してくれと叫びたい気分だろう。そしてもう自分の人生を自分で切り開こうと離婚を計画しているかも知れない。

しかし、その冴えない男の中に、あなたの人生を幸せなものに変えるような、逞しいヒーローが眠っていたら、確実にあなたの人生は変わる。そのために是非、あなたの近くにいる冴えない男にこの本を読ませてほしい。

この本は誰にでも理解できるように分かりやすく書いている。

だから最後の砦として、今日、冴えない男に離婚届を突き出そうとしている知的で頑張り屋の時間のない妻たちよ、離婚届に判を押すのを1日待ってほしいのだ。

自分の人生のためにも、この地球のためにも。

だって人は幸せになるために、幸せを感じるために生きているのだから。


まず、「冴えない男」についての私なりの解釈を述べておこう。

1．人生が受け身な男
2．ダサい男
3．貝のように口をつぐむ男
4．ケチな男
5．自分にしか関心がない男
6．妻から罵声を浴びせられている男

7. 声の小さい男
8. 頭の悪い男
9. 自分の意志がない男
10. 稼ぎの悪い男
11. 結婚しているくせに妻一人幸せにできない男
12. 頑張ってやっているのに報われない男

つまり、離婚を決意されるまで自分のバカさ加減に気がつかない男ということだ。
この本では、この冴えない男たちに焦点を当てていく。
冴えない男たちよ、自分が妻の無限の可能性を奪っていることに気づく時だ。
冴えない男たちよ、本物の男になれ！
何度でも立ち上がれ！
あなたたちはヒーローになれるのだから。

目　次

第1章　冴えない男たちへ

あなたの無意識のあなた

まず、あなたの心の状況を説明しよう。

自信がなく、これと言って特技はなく、好きなことも特になく、暇潰しは夕方から飲むお酒か、はたまた携帯ゲームといったところだろう。そして、仕事の給料は、自分が幾らほしいかではなく、自分なりに精一杯働いておりますが、おいくら頂けますか？　というスタンス。

そう、あなたはいつでも自分の中の「精一杯」という感傷に浸っている。完全な自己満足ということにも気づかないで、「俺は俺なりに頑張ってる」というぬるま湯につかりながら。

特に洋服のこだわりもなく、妻の買ってきたものをただ着ているだけ。どんな気持ちで選んだかなんて考えることもなく、鏡の前に立ってその洋服を着ている様をじっくりと見ることもなく、ただ着ている。地味な色合いのその洋服を良くも悪くも思うことなく、くたびれるまで着続ける。そう、理由は「そこにあるから」。

もちろん、妻から「愛してる」と言われたのがいつだったのか、記憶にないほど前であることにも疑問を抱かない。

上から目線の口調でいつもやり込められ、それによって優しささえも引き出せないくらいあなたの心は委縮して、どこまでもどこまでも小さくなってここにいる。

きっとこの本だって、こんなバカげたタイトルの本をレジに持っていく勇気もない。たぶん妻から「読め！」と半ば脅されたのだろう。だとしたら妻は本気だ。死ぬ気で読むのだ、最後まで。そして、「冴えない男とは俺のこと！」と自覚してくれたのなら尚良い。真剣に自分と向き合おうとしてくれたのなら、これまた嬉しい限りだ。

できればその後、あなたの妻にも読ませてほしい。手渡す時には「俺のことが書いてある」と付け加えるのを忘れずに。

あなたは、妻に愛されることはないのか？　と疑問を抱きつつも、離婚を切り出されていないのだから、きっとまだ愛はあるのだろうと、自分のちっぽけな思い込みとも言える中途半端な希望にすがって生きている。

とてもじゃないが満たされまくっている人生とは無関係。

あなたは給料のすべてを家族のために捧げ、それを当然のことと思っている。遠慮なく、図々しいくらいに妻と子供に使って頂き、自分は妻から与えられる少ないお小遣いから昼食代を捻出する。

そんな生活に特に疑問も持たず、もう何年も繰り返しているし、これからも続けるのだ。

たまに疑問は生じても、「これが現実だ。みんなやっている。たいしたことではない」と、自分なりの一生懸命を繰り返す。なのに感謝とは程遠い毎日。

離婚を言い出された時、そして妻の文句を聞く時、あなたがまず感じるのは疑問だろう。そして言う。

「俺、何かした？」

出ちゃいましたね、その言葉。

必殺「離婚前に一言いいですか」攻撃。別名「俺、何かしましたっけ？」攻撃。

ばかばかしくって、精神的に妻を参らせるその言葉、その心の声。

冴えない毎日、消えそうな声での冴えない一言。そういうあなたこそが、この本で言うところの「冴えない男」なのだ。

そう、あなたは最初から知っていた。自分の人生はこうなるのが当然なのだということを。

そう、あなたは初めから自分の人生を信じていなかった。それどころか、家族を持てているそのことがただ嬉しくて、ただ楽しくて、それだけだったのではないだろうか。

自分の見せ方を考えたことなどなく、ただ毎日職場に通い仕事を頑張ってきたのではないか。言い訳もせず、妻の理不尽な不機嫌さにも口をつぐみ日々を過ごしてきた。いや今も過ごしている。「日々の生活に不満はありますか?」と質問されても、あなたは「不満は特にありません」と言うだろう。

しかし、あなたは本当に幸せな人生を心から送っているのだろうか。

「自分よ!　お疲れ様です」と自信を持って言えるだろうか。

私は、あなたが耐えている割には報われないとか、あなたを励ましたいわけではない。むしろあなたの人生を救いたいがために気合を入れたいのだ。

そろそろ本物の人生を生きてみないか!!

知らないことは罪なのです

あなたは一見物分かりの良い夫で、妻を愛しているように見せているだけで、本当は**人を愛する能力に欠けている**のではないだろうか。本当の愛を知らないのではないか。

あなたは、「そんなことはない。自分は自分なりに耐えて家族の希望に応えてきた。それこそが愛！」と思っているだろう。

しかしその愛は伝わらないばかりか、相手を苛つかせるだけのものだとしたら、一体何の意味があるのだろうか。

あなたは優しい。しかしその優しさを魅力的に見せる強さを持ち合わせていないのだ。誰のせいにするわけでもないが、それは育ってきた環境の影響も大きいと思う。

あなたの育ってきた日常には、**夢とスペシャルな毎日**が圧倒的に欠けていたに違いない。

しかし、そのあなたの夢のなさが当たり前だったがゆえに、あなたの一番大切な、あなたが愛して結婚までしたパートナーが、自分を生かしきれず笑顔のない人生を送っているとしたら？

あなたは立ち上がらなければならないだろう。

たとえボロ雑巾になっていたとしても。

それをやるのだ！　チャンスは何度もあるわけではないのだから。

本当のモテ男は誰だ

巷の亭主関白を気取る、一見モテる男性の真似をしろと言っているのではない。革ジャンや金のネックレスを着けたところで、あなたの意気地のなさは見抜かれてしまい、ますます面白おかしく映るだけだろう。むしろ冴えない男は、その手の男らしい男に妻を持っていかれているのだ。

なぜだろうかと涙を流している場合ではない、その理由を考えろ。そう、考えることから逃げてきたその頭で、考えるのだ。

彼らのどこが、あなたを捨てたくなるほど妻には魅力的に映るのか。単に見かけの問題ではない。それは自信だ。この自信が本物であるか偽物であるかなんてことはどうでもいい。間違いなく妻は彼らの中に自信を見出しているのだ。

「この人なら、どんな苦労でも、乗り越えていけそう」と感じさせる自信だ。

しかし言えることは、そんな男たちが持っているのは所詮偽物の自信である。男たるものがペラペラ話して、チャラチャラして、何が自信だ！

あなたは叫びたくなるだろう。

「俺のほうがよっぽどましじゃないか、バカな女だ」と。

いや！　それは違う。妻もバカだが、そんな男の足元にも及ばず妻を逃がした夫が1番の大バカなのだ。妻の浮気はだいたいは夫のせいなのだ。

私の思うモテ男には、見せかけの自信がある。優しさのテクニックがある。そして、その自信でたくさんの恋人をつくる。

しかし、自信のある男性が本来そんなことをするだろうか？　そう、彼らも本当は無意識に自分を認めてない、自信なんかないのだ。だから一人の恋人に認められるくらいでは満足しない。もっともっとモテたい、認められたいのだ。自分がこうしたいという意志の力が強いから、横暴に恋人を従わせることもある。自分がすべてだから、あり得ない額のお金も自分を飾り立てるために使う男たちだ。あなたの

10年分の洋服の金額が、彼らのパンツ10枚分の金額と言っても大げさではない。

そんなものは偽物だ。私は本来、人は一人のパートナーしか愛せないと思う。

しかし、見つけたはずのそのパートナーが**愛するに値しない**と考えて誰かを探すのだろう。

何人もの浮気相手を同じように愛しているなど、あり得ないだろう。見掛け倒しの男が女性を幸せにできるわけはない。

私は思う、浮気なんか存在しないのだ。あるのは**本気のみ**だ。

だから、あなたは家族にのみ本気を伝えてきたのではないか。お金があってもあなたは浮気をしないはずだ。

しかし、そこには明らかに情熱が足りない。

だから、冴えない男は見掛け倒しのモテ男に妻を取られていくのだ。

冴えない男は、女性に騙されることも多い。完全に舐められている。

見掛け倒しのモテ男にあって、冴えない男にないものは何だろうか。

パートナーから愛を得られない理由は?

あなたに圧倒的に足りないものは、自信の他に何か分かるだろうか?

きっとあなたには分からない。

だってあなたは冴えない男だ。自分のことを、何度もけなす奴だなとあなたは思うかも知れない。

しかし、妻に顔も見たくないと何度けなされても家に帰る図々しさがあなたにはある。だからこそ何度も言わないと心に入っていかないのだ。もっと心地いい言葉で励ましてほしいと期待してこの本を読み進めるのはやめてほしい。甘い言葉ではあなたは変われなかったのだ、この足りないもののために。

では教えよう。あなたに足りないのはこれだ!

「勇気」

あなたの得意な忍耐ではなく、勇気だ。

勇気はとても怖い。なぜなら、自分を本当に必要のない人間だと感じなければいけないほど傷つくかもしれないからだ。

この勇気が、あなたには圧倒的に足りない。そして、勇気に必要なのは意志だ！自分がどうしたいのかが分かっていなければ、本物の勇気など、情熱など持てるわけもない。

とにかく、あなたには、妻と向かい合う愛情と、覚悟と強さが必要なのだ。

そして自分がどうしたいかをしっかりと自分で分かっていなければいけない。

これこそが、自分の意志だ。意志を明確に持って、分かりやすく表現することだ。

きっとそんなに日頃本を読まないあなたには理解しにくいこともあるだろう。しかし諦めないで読み進めてほしい。自分のためにも、パートナーである結婚したほど愛した人のためにも。

サーキットという名の夫婦の日常

それでは、さっそくあなたの現実がどういうものなのかを理解していこう。今のあなたの状況、いや、今だけでなくこれまでのあなたの状況を分かりやすく説明するため、サーキットでのあなたと妻の話にたとえてみよう。

ここはサーキットだ。あなたの妻はレーサー。真面目で何事も一生懸命な彼女は序盤からすごい勢いで飛ばしていく。費用がそこまでなく、そんなに良いマシーンは買えなかった。しかし恥をかくからレースに出ないという臆病者のあなたとは違い、彼女はやれることをやり切ろうという強い姿勢。古いマシーンながら点検を怠らず、ピカピカに磨き上げてレースに挑む。最大の勇気を持って。

あなたはピットでメンテナンスをする。彼女のレースで一番重要なスタッフだ。

前日に彼女は何度もあなたに、今日のレースの状況とあなたのするべきことを伝えた。

彼女が必死に何かを訴えても理解力のあまりないあなたは「明日になれば、どうにかなるさ」と彼女の腕前に賭けようとあぐらをかく。そして、早く自由な時間がほしいと思いながら面倒な顔をするあなたに彼女は、1時間ばかりかけて話した内容を紙に書いて渡す。

1. 自分がどれほどこのレースであなたと優勝したいか
2. 何しろ古いマシーンしか買えない状況だったから、クオリティー高いガソリンは高くて買えないにしても、エネルギーのあるガソリンを必ず準備して欲しい
3. タイヤ交換の時に大好きなパイナップルジュースを用意してほしい
4. 疲れた自分が最後まで走り抜けるように自分と共に戦い、元気の出る言葉を情熱的にかけてほしい

5．あとはとにかく時間のロスをしたくないので、的確に動けるように前日はアルコールは飲まず、レース当日はスピーディーに動いてほしい

6．レースに出るサポートをしてくれたお礼として7万円支払う

あなたは受け取った紙を机の上に置き、いつものようにレモンチューハイとビールを飲んで眠りについた。

翌朝、彼女は練習の疲れも見せずしっかりとした勇ましい顔つきで現れた。

「今日はよろしく。私のコンディションもマシーンも完璧だから安心して」

とあなたの緊張を解きほぐした。

そしていよいよレースの始まりだ！

彼女は努力に努力を重ねて身につけたテクニックで先頭を走った。

あなたは「彼女は人一倍の努力家だ！　1位だと思ってたよ」と心で叫び、自分のことのように余裕で眺めている。

そうこうしていたら彼女がピットインしてきた。

「早く！　タイヤの交換を！」

立ち尽くして彼女を眺めているあなたは、タイヤを探し始める。

彼女は言う。

「なんで？　裏に積んであるタイヤを準備しといてって言ったじゃない！　昨日私が車に積んだのよ！　言ったじゃない！」

彼女の言い方がきつくなる。

「すまない。取ってくる！」

「もういい！　どんどん抜かれちゃったじゃない！　あと5周走ってくるから準備お願いよ！」

彼女はレースに戻る。

あなたは急いでタイヤを取りに走った。

すまなかったとは思うものの、昨日彼女からもらったお願いの紙はチューハイの空き缶と共に自宅のテーブルの上にのったままだ。あなたは紙の存在さえも忘れている。

彼女は抜かれた分を抜き返し、5周回った後に再びピットインした。

タイヤを急いで取り換える。他のマシーンは数秒で終わっていく中、あなたは夕イヤのネジがどうのこうのと言って全く進まない。

他のマシーンのサポーターが笑って見ている中で彼女が言う。

「練習はしてなかったの？　あなたの友人を連れてくるって言ってたわよね？　友達は？」

彼女はマシーンから降り、あなたと一緒にタイヤ交換をすると一言言ってレースに戻った。

「いい加減にして！」

あなたはレースに戻った彼女のマシーンを見て思う。

「そんなに何でもかんでも頼まれたって……」

その後、あなたは友人に電話してみる。

「今日はレースだって言ったよな。人手が足りなくて困ってる。早く来てくれよ」

友人は言う。

「その話を聞いたのは1か月も前のことだろう。あれから何の連絡もないし、時間さえ知らない。あいにく今はパチンコをしていて勝ってるんだ。すまないが他をあたってくれ」

これがあなたの人脈という名の友達だ。

その後もあなたはピットインのたびに彼女に頓珍漢なことをしまくる。

時間がないというのに淹れたてのコーヒーを飲ませようと、昔取ったコーヒーマイスターの腕を生かし豆を挽き始める。彼女は、

「バカなの!?」

と怒鳴ってあなたに蹴りを入れたくなったが、レースは進んでいる。自分を信じて応援をしてくれる声援に応えるかのようにレースに戻る。

冴えない男たちよ、あなたがパートナーにしている仕打ちに気づいたか？

あなたのやっていることは、いつもこのレースと一緒なのだ。

つまりは、彼女の毎日を台無しにしているということ。

どうしていつもあなたのパートナーが不機嫌なのか、どうしていつもあなたを見る目が怒りに満ちているのか、少しは伝わっただろうか。

あなたはこんなくだらないことを、レースに人生を賭けて走っている彼女にしているのだ。

しかし根性のある彼女たちは今まで必ず表彰台に上っている。

だから、あなたは中途半端に思ってしまうのだ。

「俺も役に立ってる。表彰台の彼女の笑顔の１００分の１くらいは自分が作りだしているだろう……」と。

とんだ勘違いである。

ここで知ってほしいのは、彼女が戦うのは何のためなのかということだ。

人生というレースはもう始まっている。自分を信じてくれる人がいる。自分の人生に感銘を受けて周りも幸せになってほしい。そういう思いに違いない。

しかしあなたは違う。そういう彼女を意外と欲深いと思う。淹れたてのコーヒーにお礼を言ったことはないし、いつもいつも優勝賞金がいくらだの、高いガソリンを入れろだの、どこのピットのスタッフは素晴らしいだの、自分を蹴落としてばかりだと、自分のことばかり。

彼女が一生懸命走っているレースを、あなたはいくつぶち壊したのか。

見ている目標が違うのだ！　見えている世界が違うのだ。情熱が違うのだ。

おんぼろの中古のマシーンでもいくらするのかということを、あなたは全く意識できていないのである。

これは、冴えないというレベルを超えてしまっている。

だから、罵られる。だから、無視される。だから、お礼もない。だから、抱かれたいとも思わないということだ。

だから彼女はもう、何をしていいのかも分からない。レースをやりたくない。夢も希望もない。疲れるだけの人生のレースをやめたい。

つまり、よぎるのは**「離婚」**の2文字なのだ。

「あなたを変えるべきではない、自分が変わるんだ！」――そう思い彼女は自分を変えてきた。免許すら持っていなかった彼女はやる気のないあなたを横目に勉強して免許を取った。人付き合いが苦手な彼女は、同じく人付き合いが苦手なあなたがいつまでも外に飛び出さない様子を横目に、革のブーツを履いて、マシーンのテクニックを学びに走った。

彼女の洋服の破れや汚れにあなたは気づいたことがあるだろうか。

もっと分かりやすく言おう。

あなたのパートナーの財布はどうしてそんなに汚いのか？

どうしていつも、同じバッグで出かけているのか？

どうしていつも、同じ靴なのか？

どうしていつも、冒険のない地味な色合いのセンスのない服を着ているのか？

どうして太っていくのか？

どうしてあり得ない若作りをしているのか？

あなたは考えたことはあるだろうか。

彼女のストレスは、不自然なくらいの冷たさであなたを見る目つきに表れているはずだ。

彼女が賞金を目的に走ったことはきっと1回もないと私は断言できる。それでもなお、不機嫌な彼女はあなたを隣に置いて「人生」という名のレースを走っている。

どうしてだか分かるだろうか。

不機嫌なのにあなたの首を切らない理由が分かるだろうか。

3分かけて自分なりに考えてみてほしい。

とはいえ、あなたはあまり考えることなく答えを聞きたいと考えたに違いない。

なぜならあなたは考えることが苦手だからだ。

答えは簡単だ。有能な彼女は、人生において一番大切なものを知っているからだ。誰をそばに置きたいか分かっているのだ。優勝した時、誰にそばにいてほしいのか、はっきりしているからだ。

それは、パートナーとして自分を選んでくれた、**心の優しいあなただ。**

心のこもった淹れたてのコーヒーの美味しさや、人見知りなあなたがかけてくれた友人へのレースのサポートの電話だって知っている。彼女はちゃんと知っているのだ。だからまだあなたを諦めたくないのである。

あなたという人間を心の奥では信頼したいのだ。

あなたは彼女と笑い合いたいと心の底から思っていると思う。帰ってきた時に笑顔で「お帰り。お疲れ様」と言う彼女の笑顔を見たいだろう。ニコニコと鼻歌を歌うあなたの選んだ彼女の何気ないご機嫌なダンスも見たいだろう。

それにあなたは、彼女に長生きをしてより良い人生を自分と過ごしてほしいとも考えている。それは間違いのない真実だ。

あなたが何よりも家族を、妻を、子供を愛していることは、あなた自身が揺るぎなく知っている真実なはずだ。


だから、残りの人生は覚悟を決めてやってほしい。

思い出すんだ、自分がレースでやった頓珍漢な行動で、彼女に身体的苦労をかけてきた日々を。悪気がなければよいという話ではない。期待をことごとく裏切って彼女に与えた精神的苦痛を。

今までのように「忘れた」「分からない」「知らない」では通らないのだ。

あなたは自分がいかにバカげたことをしていたのか、今知ってしまったのだ。

あなたはできる、必ずできる。

二人が望むレースを走り、満足して抱き合えるはず。

これはマニュアルでも説明書でもない。妻からあなたへの憎しみの手紙でも、ただの愚痴でもない。優しい二人の、人生を生きる温度差、学び方や考え方のすれ違いの話なのだ。

そして自分のバカさ加減を知って、あなたに反省しろと言うものでもない。

今は男女平等の時代だとか、昭和の男は、という話でもない。

ただ、あなたが妻の価値を知り、または前々から知っている妻の価値に対して、差し出すものがまだまだあるのではないかという話なのだ。

真実の布団の取り込み方とは

家族を愛しているか。

彼女を信頼しているか。

こんな自分じゃだめだと思っているか。

家を出ていく彼女を引き留めたいか。

出て行った彼女とまた日々を送りたいか。

そうしたいと思うなら、彼女のサポートを必死でやることだ。

そう言いたい。

できることは山ほどある。

例えば晴れた朝、家族をふかふかの布団で寝かせたい彼女は、パートに行く前に布団を干す。あいにく職場に着くと雨が降ってきた。彼女は自分を責めた。天気予報を見るべきだった。今日の職場は私一人だし、どうしよう。

そこで最近優しいあなたにメールを打った。

〈今日布団干してきちゃった。どうしよう〉

さあ、あなたはなんと返信する。

〈帰ってから取り込むしかないね。今度から天気予報は確認しなきゃね〉

不正解！　これはただのバカ夫の返信だ。最後のほうは必要のないこと。分かり切ったアドバイスまで書いたりしちゃって論外！

〈気にすることないよ。帰ってから乾かすの手伝うよ。布団は駄目なら捨てて新しいのを買えばいいよ。大丈夫だから仕事頑張って〉

これも不正解！　手伝うのは当たり前。しかも「僕、一生懸命頑張ってるでしょう」程度で働いた給料で新しい布団？　その前に、ヨレヨレのパジャマや取っ手の剥げたバッグをいつまで使わせ続けるのか。布団よりもそっちが欲しいわッ、と彼女の惨めさを誘うだけだ。即刻却下！

答えはこれだ。

まず、彼女への返信をすぐにしよう。

〈あ、ほんとに雨だね（泣）〉

そして20分後にもう1つメールを送る。

〈布団のことは気にしなくていいよ。ちゃんと部屋の中に取り込んでおいたから心配しなくて大丈夫だよ〉

この2つめのメールを送るまでに、布団を取り込んでおくのだ。

すると、パートから帰った彼女は室内で除湿器＋扇風機が首を回しながら布団を乾かしているのを見て驚く。

これ、100点、いや、200点！

そして実感するだろう。「私って世界一の幸せ者」と。

つまり、表面的な言葉で適当にあしらうなということだ。

あなたの妻は、あなたよりも格段に頭がいいのだ。何を望んでいるのかなんていちいち考えてはいけない。一目散にあなたが布団を取り込みに行くのだ。

そう！　獲物を狙うライオンのように、ブッフェ料理で1回目のおかずを取りに行く時のような笑顔で、布団をめがけて！　自宅をめがけて！

彼女を、彼女のピンチを救えるのは、あなただけなのだから。


「じゃあ、他に具体的に俺の立ち位置は？　どんな動きすればいい？」

そんな疑問に答えよう。

ジャック・スパロウは誰がやる!?

船を例に挙げてみる。船と言えば船長があらゆる権限を持ち責任を持つ。船長はすべてを把握している実力者でなければならない。もちろん知力はもちろんのこと行動力、船に対しての情熱や愛情ももちろん必要だ。それを理解した上で考えてほしい。

「家族で乗る船の船長に立候補したい者は申し出よ!」と言ったところで、あなたの手は挙がらないだろう。

むしろ下を向いているだろう。算数の授業で僕を当てないで下さい状態だ。

なぜならば、あなたは船長としての素質がないから。小さく生きているのだから。

昔は大黒柱の父親が1番に名乗りを上げたものだ。それが当然だという気迫があったのだ、オーラがあったのだ。

しかしその勇気は今のあなたにはない。ちっぽけな勇気さえないのだ。

立候補したところで船の沈没が頭に浮かぶことだろう。俺にはこの船は操縦できないに違いない、と。

ではしょうがない。本人の意思とは関係なく妻に船長になってもらわなければならない。

洗濯、物事の判断、育児、家計の管理、人間関係に加え、責任があり神経の疲れる船長の仕事など女性はやりたくないことだろう。

彼女が「私はかわいいお姫様なのよ」「私は料理が得意。料理長がいいわ」と言ったとしても、有無を言わせず船長になってもらうしかないのだ。彼女しかなり手がいないのだ。嫌がる女性ジャック・スパロウの誕生だ。

あなたは彼女に頭を下げて、男としてのプライドも捨て、船長を頼むしかないのだ。

忘れてはならない、あなたの力量のなさの尻ぬぐいでやってもらうのだ！

彼女しかいない！　なぜなら子供やペットなどを乗せている今、絶対に船を沈没させるわけにはいかないのだから。この世に絶対というものがあるならば、この船を**絶対に沈没させない**ということだけだろう。気合を入れて航海をするのだ。

ゆけ、女性船長！

この状況で、安全で幸せな航海をするためのあなたの役割を教えておこう。

あなたのポジションは機関長である。船長が安全に航海できるように、積極的にサポートして、船員たちにも気を配ってまとめていく役割だ。

そんな役割僕ちゃんにはできない、と思ったあなたはさすがの冴えない男！

あなたが今までしてきた役割は、船長でも機関長でもなく、船内をうろつく**人のいいおっちゃん**レベルだということなのだから。

あなたは心から船長のことを尊敬しているはずだ、愛してもいる。

船員という名の子供のことも大好きなはずだ、愛している。

だから今まで妻からの酷い暴言、罵声にも態度にも耐えてきたのだから。

あなたはできる。

数々の船を見てきた私が、保証しよう。

必ずできる。

あなたは意気地なしだ。そして特に何のとりえもない。

しかしながらあなたが人一倍習得してきたものは、努力して、意識して得たものではないのかもしれないが、この船にとって肝心なものである。

それは、あなたの得意の勇気のいらない**「忍耐力」**である。

そう、今までは役に立たないどころか舐められまくったその忍耐力が、今こそ光を放つ時なのだ。

勇気を出すのはあなたにとって容易じゃない。恥をかくことも、自分の実力を試されることも、臆病なあなたにとっては逃げ出したくなるほどつらいことだ。

でも勇気を出すことよりも、積極的に人生で敵と戦うことよりも、あなたは忍耐することを選んだのだ。自分のプライドをズタズタにされても、「あなたなんかいらない」とささやかれようと、あなたは船から降りなかった。図々しいくらいに、そこにとどまったのだ。

その図々しいあなたの行動こそ、私の言う誰にも真似できない**「忍耐力」**なのだ。

これが、冴えない男が地球を救えるほどのエネルギーの種なのだ。

つまりは、その忍耐力を本当に必要なほうへ向けるのだ。

そう、それはあなたの親愛なるパートナーをサポートできるもの。

何ものからも逃げず安全な航海をする勇気を持ったあなたのパートナーに捧げよう。

あなたは、本来は船長をやらなければならない。と言うよりパートナーである彼女はそれを望んであなたを選んでいるのだから、当たり前のことなのだ。それなのに彼女に船長を引き受けてもらわなければならない理由を今一度心に刻んでほしい。

あなたには知識が足りない。「人生」という名の船の操縦の仕方の知識だ。

そして荒波が起きた時の対処法、他の船が攻めてきた時の対処法をあなたは知ろうともしなかったし、その勇気があなたにはない。

だから彼女が船の舵を取らなければいけないのだ、この船の船長として。

これで、あなたは自分の立場もわきまえ、彼女の不機嫌な理由も分かったことだろう。自分のするべきことが分かってきたのではないだろうか、船長を支えるにあたってあなたのすべきことが（分からなかった場合は、サーキットの話のところに戻って、頭の中で想像しながら読み直してほしい）。

「家族」という船員を乗せて「人生」という航海をする船の船長は、すべての責任を肩に背負っているのだ。だから、自分のことは自分ですべし。

子育て、地域活動、仕事、役員、子供の行事の予定、予防接種の予約、急な出来事への対応その他、たくさんのことがある。船員たちの教育にも手抜きはできない。たくさん出る宿題や、地獄のような漢字の書き取り、お経のようにも思える文章の

音読など、

「なんでこんなことやるの？」

「何の意味があるの？」

と子供たちは思うだろう。

大人として、その質問に答えなければならないのだ。

あなたなら何と答える？

「やらなきゃいけないものはしょうがない」くらいではないだろうか。

船長たるものは格が違う。きっとこう答えるだろう。

「そうだよね。何の意味があるんだろうね。先生に今度一緒に聞いてみよう。でもさあ、意味も分からないのに楽しんでできっこないよね。気持ち分かるよ」

と、まず理解を示そうとする。その考えができる者が船員をまとめる力のある船長なのだ。

そんなやりとりをしている間にあなたが帰ってきて、「まだ宿題も終わってないのか」「ご飯は食べたのか」「疲れた」などと自分の感情を話すことは、船の行く手を阻むことに外ならない。

いかに毎日、家族という名の船で役に立たないことをやっているのか、あなたはもっと自覚するべきなのだ。しかし、あなたはこう思うだろう。

「やれることはやっている」「朝ご飯だって自分で買っている」「妻を起こさないで仕事に行ってます」「ごみ捨てはしてます」「給料を全部渡してます」「旗当番も行ってます」

そう、あなたは言いたいことがあるに違いない。

ここで私は言いたい。

「目を覚ませ！！！！！！！！！！！！！！！！！！！！！！！！！！！！」

あなたは子供という船員なのか、と。

はじめは船長を期待されてこの船に乗りこんだはずだ！　しかし、能力が足りないばかりに妻に船長になってもらっているのだ。彼女は船長、調理員、班長の役割までしなければならない。あなたはなぜ、時に船長、時に船員と都合良くポジションを替えているのか。あなたは船長をサポートする機関長であり、総取締役でもあるのだ。そう、過去のＡＫＢ48で言えば「たかみな」だ。

あなたは自分がその重要なポストにいることを知り、しっかりと船長をサポートしていかなければならないのだ。

あなたがやるべき船のルール

1．船長に歯向かうなんて言語道断

2．船長が気持ち良く働けるように優しい態度、言葉を心掛けよ

3．船長が時に暴言を吐き暴れだしたとて、サンドバッグのように受け止めて、それだけの重圧に耐えていることに尊敬の念を示すこと

4．船員たちの面倒を率先して見よ。船員は大好きな人の言うことしか聞かない

ものだ。まずは船員たちの望むことを把握して好かれる努力をすることだ

5. 船の中でやることは山ほどある。そのほとんどは目に見えないものである。未来を考えての金銭的な管理もその1つだ。見える行動のみをやったからといって自分に甘えて役に立ったなどと思うな

6. 物事をもっと深く考えること。用意されたゴミを捨てることで満足するな。ごみは集めて捨てて、また袋をかける、これが一連の作業だ。洗面所のゴミ、寝室のゴミの取り漏れはないか、果てはゴミ箱を磨くなどすれば完璧！　ちんたらではなく、あくまでもスピーディーに

7. 船の船長が舐められることはあってはいけない。素敵な洋服を着せ、十分に美容にお金をかけさせて、キラキラした宝石を着けさせよう

8. 船長に恥をかかせないように自らの身だしなみにも気を付けよう。鼻毛、カサカサ肌、白髪の頭、猫背など言語道断！　的場浩司なみの気合を身につけよ！

ここはあくまで誰もが認めるイケメン俳優の癒やしの風貌福山雅治ではない！　正義の目力で黙らせる芯のあるチョイ悪系の的場浩司だ！　そう、だんだんと自分の役割が分かってきたのではないだろうか。そうだ！　完璧に自分の役割を理解して進むこと。お礼など求めてはいけない。船長なる者があなたにお礼だと言う必要はないのだ。

喜びをもって船長の役に立ち、今人気の**「名もなき家事」**なんて余裕でこなせ。中途半端な仕事は船長の足手まとい。完璧にやれないのなら手を出すべからず。仕事から帰ったら決して腰を下ろすべからず。むしろ帰ってからが本番。人生で最も大切な仕事と心得よ。

動け動け動け！　使いものになるまで動きまくれ！　それができないなら船から今すぐに降りよ。頼むから降りてくれ。

そもそも誰がこんなに素晴らしい船を造り上げてきたのか。それは船長だ。船員たちは心から船長を尊敬している。大好きなのだ。勇気のある彼女が。
まだまだ長い人生、船長を疲れさせるわけにはいかないのだ。
動くのは、船員の世話をするのは、総取締役であるあなたなのだ。
やりがいはあるか？
船長の喜ぶ顔を見て同じ気持ちで喜ぶことができるか？
小さな仕事に満足して腰を下ろすなかれ。
船の中であなたのできることを精一杯探すのだ。
心優しい船長はあなたを認める発言、ねぎらう発言をするだろう。
その言葉をまともに受けて調子に乗って腰を下ろしてはいけないのだ。
まだまだ俺はやれる、そう思って数十年走り続けてみろ。
忍耐のあるあなたなら絶対にやれる。
むしろ踏み出すことに恐怖を持っているあなただからこそできる役割なのだから。

具体的なことがあまり浮かばないだろうから、ここで想像してほしい、二人のそれぞれの1日を。まずはあなたの1日。

朝起きる↓船長を起こさず仕事に行く↓自分一人のスペシャルな通勤時間を味わい会社に着く↓肉体労働か事務作業か、あなたは船を保つための出稼ぎという名の仕事に出る↓自分のペースで働き、特に無理をすることもなく出稼ぎ感覚で仕事を進める↓ランチタイムには自分一人の「昼休み」という名の休みがあり、合間にコーヒーという名の美味しい飲み物を飲みながら一息つく↓ひとしきり働き家へ帰宅するのだ。

一方、船長の1日を見てみよう。

船員という名の子供が小さい時、重い荷物を運ぶ買い物という名の旅路へ出かけ、あなたが稼ぐ全く十分じゃない中身の財布持って何も面白くないスーパーマーケットへ出かける。買うものは大体いつも同じ。国産牛肉を横目に豚肉を買い、トイレットペーパーはドラッグストアでと超面倒な計画を立て、バサバサな髪をかき上げる。

お掃除のプロでも頼みたいけどどうせ無理かとあきらめて、お守りのようなチラシを見る。家事全般＋お手軽お掃除付きで今なら2時間6000円というチラシを見ながら、家事にはそれだけの価値があるのだと噛みしめる。

その一方で、たまにはゆっくり体を休ませたいとも考える。でもどうせ無理だ。

そんな怠け心が世の中に通じるわけがないと、しまい込む。

チューハイを買いたくて財布を探して妻のカバンをあさるあなたは、チラシを見ても知らぬ顔。

「こういうの試してみたいな」

遠慮がちに、でも勇気をもって彼女はチラシを見せた。

「こんな狭い家に何の掃除に来るんだ、恥ずかしい」

全く彼女に共感しない意見。

彼女は、「その狭い家に住まわせる力しかないのは一体誰？」と心の中でつぶやく……。結婚なんかするんじゃなかった、と。こんな1日だ。

更年期、生理前、女性のヒステリー、そんな言葉で片付けて、あなたはいつも妻の本心を見ぬふりをしてきたのだ。受け止めるべきことを都合よくかわしてきたのだ。

それは、すぐ不機嫌になるパートナーにどんな言葉をかけていいのか分からないから、どうすることで解決するかが分かっていないから。

だからこそ、**自分の役割を知る**ことが肝心なのだ。

あなたの人生は暗い、歓迎されてない感が半端ない。

しかしそれは、パートナーが不機嫌だからなどではない。心の繋がる誰かがあなたにはいないからだ。

郵便はがき

料金受取人払郵便

新宿局承認

1409

差出有効期間
2021年6月
30日まで

（切手不要）

1 6 0-8 7 9 1

141

東京都新宿区新宿1－10－1

(株)文芸社

愛読者カード係 行

お名前《ふりがな》		明治　大正 昭和　平成　　年生　歳		
ご住所《ふりがな》	□□□-□□□□		性別 男・女	
お電話番号	（書籍ご注文の際に必要です）	ご職業		
E-mail				
ご購読雑誌(複数可)		ご購読新聞 新聞		

最近読んでおもしろかった本や今後、とりあげてほしいテーマをお教えください。

ご自分の研究成果や経験、お考え等を出版してみたいというお気持ちはありますか。

ある　　ない　　内容・テーマ（　　　　　　　　　　）

現在完成した作品をお持ちですか。

ある　　ない　　ジャンル・原稿量（　　　　　　　　　　）

書　名				
お買上 書　店	都道 府県	市区 郡	書店名	書店
			ご購入日	年　　月　　日

本書をどこでお知りになりましたか?

1.書店店頭　2.知人にすすめられて　3.インターネット(サイト名　　　　　　)

4.DMハガキ　5.広告、記事を見て(新聞、雑誌名　　　　　　)

上の質問に関連して、ご購入の決め手となったのは?

1.タイトル　2.著者　3.内容　4.カバーデザイン　5.帯

その他ご自由にお書きください。

(　　　　　　　　　　)

本書についてのご意見、ご感想をお聞かせください。

①内容について

②カバー、タイトル、帯について

弊社Webサイトからもご意見、ご感想をお寄せいただけます。

ご協力ありがとうございました。

※お寄せいただいたご意見、ご感想は新聞広告等で匿名にて使わせていただくことがあります。

※お客様の個人情報は、小社からの連絡のみに使用します。社外に提供することは一切ありません。

■書籍のご注文は、お近くの書店または、ブックサービス(0120-29-9625)、セブンネットショッピング(http://www.7netshopping.jp/)にお申し込み下さい。

自分の意志、情熱がないからだ。

パートナーはあなたと繋がりたいと思っているはずだ。しかしそのパートナーはいつも幸せそうではない。むしろ暗くて不機嫌だ。

誰と人生を歩みたいか

テクニックなんかもう通用しない。やらないよりやるにこしたことはないけれど長くは続かないからだ。

じゃあどうするか。

役割というより自分の立場をしっかり認識して、人生という名の航海をする船の完璧な一員として胸を張ることなのだ。あなたの本当に求める幸せのために。

あなたはまだ頑張れる。自分の限界という思い込みを超えるのだ。

もし、自分はできないと思うならば、さっさと**船を降りろ**。船員も船長も捨てて船を降りるのだ。そんな弱虫にお似合いの相手は山ほどいるだろう。うまくいかないからと言って浮気で憂さ晴らしをしたり、家計費として使うべきお金をすべて使い切って、さらにはクレジットカードで買いまくり毎月マイナスを出しまくったり、あなたのことも全く束縛しないが家族にそもそも関心がなく、なんとなく子育てしていたりする女性たちだ。

そんな彼女たちは言うだろう。

「船は楽しむためにあるのよ。役割なんて必要ない。毎晩踊って船から大砲を打ち上げるの！　花火のようにね！　どれだけ借金をしても、今を楽しむのよ。そう！それが、私の望む豪華客船。そして楽しい私の人生」

そのテンションで人生を歩んでいる相手があなたにはお似合いだ。

しかし、その先にあるのは何か。地獄でもなんでもなく「楽」である。

「楽」は楽しいという言葉に似ているが全く正反対である。「楽」は楽しくない。

むしろ虚しいのである。「楽」からは何も生まれない、逃げである。**「楽」**で作り出せるものは、物事に取り組むまでの、時間稼ぎくらいである。

船を降りようとする、あるいは降ろされようとする男性たちには、いろいろなタイプがいる。しかし共通して言えるのは、パートナーが口紅の色を変えても気がつかないということだ。

あなたたちは知っているだろうか。彼女たちのバッグの中身がなぜぐちゃぐちゃなのか、どうして同じ冴えないバッグばかりを持って歩いているのか、なぜ財布に張りがないのか、どうして白髪が目立っているのか、どうして太ってきたのか、どうして声がかすれているのか。あなたは他人事のようにそのことから目をそむけていないだろうか。

もう彼女たちの強さを当てにするな。総取締役が船長を当てにするなんてあってはならないことだ。

彼女は女性なのに帽子を目深にかぶり、性別を捨て、その船に乗っているのだ。

彼女を出会った頃の可愛い女性にもどすには、あなたが船長になってくれると信じていたあの頃の可愛いい笑顔を見るには、あなたが船長になるしか道はない。

そう、つまりあなたは今の役割を完璧にこなしながら船長を目指さなければならないのだ。それまでは彼女の足を引っぱらずにサポートを完璧にこなすのだ。


何度も言うが、これはテクニックの話ではない。真実の愛、本物の宝、満たされる愛の話をしているのだ。

どうか理解してほしい。覚悟を決めてほしい。

あなたは彼女を「金の亡者」と呼ぶことがあるだろう。金の亡者なら、あなたのパートナーはもっと年齢に見合った素敵なバッグの1つや2つくらい持っているのではないだろうか。

私は思う。人生の中で**愛の溢れた時間**よりも素晴らしいものはないと。

自分で選んだ人生を本気で生きてみろ。結婚とはそういうものなのだ。

あなたの惚れた可愛い彼女は、今もなお彼女の中に確実に眠っている。そこをしっかり**信頼**するのだ。

今まさに離婚されそうな危機的な状況ならば、どんな言葉もいらないだろう。態度で自分の忠実さを見せて信頼を取り戻していくのだ。目をそらさないで話を聞き、されたくない話ほど自分から振ること。びくびくしないで、彼女が信頼するに値する男としての風格を見せつけてやるのだ。

一生愛するという覚悟とは

彼女が口に出していることがすべてだと決して思わないこと。彼女の本当の心をしっかりと見ること、知ることだ。甘えたいのか、叱ってほしいのか、励ましてほしいのか、スキンシップを取りたいのか、ただ愚痴りたいのか……見分ける自信がないのなら、いっそのこと**「俺がいるから大丈夫」**と言い続けてみるのだ。

どんなにその言葉を否定されたとしても、どんなに昔のことをほじくり返されたとしても、「離婚」というキーワードを出されたとしても、ひたすら言うのだ。

「俺がいるから大丈夫」

「辛かったね、ごめんね」

「俺の中で離婚はない。離婚するくらいならこの世からいなくなるほうがましだ」

そうやって、自分の気持ちはいつでも彼女にあることを伝えるのだ。

絶対に彼女を否定してはいけない。

絶対に別れや離婚の条件を受け入れたり提示してはいけない。

絶対に「子供が大切、家族が大切」などと彼女が片隅に追いやられるような抽象的な言葉は言わないこと。

「お前が大切。離れられない」と何度も伝えていくのだ。

今までは貝のように無口になったり、部屋にこもったりキレてみたり、頭を冷やしに外に出たりしていたことだろう。そうやって冴えないあなたの頭で考える方法はどれも毎回毎回酷い喧嘩を繰り返させていた。

どんなポジションなのかも分からないそんな相手が夫だなんて、彼女はとても受け入れられたものではない。一人で航海をしなければならない不安で、毎日とても気分が重く、笑顔も出ないであろう。つまり、いつもの不機嫌はここに原因があるのだ。

「外面がいい」とあなたは思うかもしれない。しかしそれは違う。これ以上のトラブルに耐えられない彼女は他の船（世間）と衝突しないように円滑な対応をしているだけなのである。

今、世の中では子供に関する様々な問題が起きている。本物の母性に接する機会自体が少ないのも原因であろう。我慢することがもっと少なければ、一番大変な戦い攻めるポジションにいなければ、世の女性はもっともっと子供に対して余裕のある母性が出せるのである。

選んだあなた、選ばれたあなた

船長もできる肝の据わった女性の見る目は確かである。彼女たちは生きることに真剣だからこそ男性を選ぶ目も確かだ。彼女たちが選んだ男性、それはあなた。あなたに何を見出して彼女があなたを受け入れたか、あなたには分かるだろうか。それは**「心」**だ。お金でも見た目でもなく、あなたの純粋で透き通った心だ。

「大切なのは愛かお金か」というテーマについて私は常々考えてきた。

両方のバランスとも思ったが、私の答えはどちらでもなく、やはり「心」だ。

心があれば妻のボロボロのバッグを見た時にお金を稼ごうと思うのではないだろうか。妻には素敵なバッグが似合うと、彼女の価値を知っているその心だ。

いくらお金を稼いでいたって、妻と愛人に渡すお金には差をつけるだろう。もちろん妻が上である。だとしたら、それは人生を共にしていた絆、子供を産み育ててくれた感謝、そんな思いが心にあるからだ。愛もお金も、心が形を変えたものに他ならない。

恰好ばっかりつけている男性より、自分の体ばかり鍛えている男性より、時計や靴ばかり気にしている男性より、具合が悪いとすぐに鎮痛剤を飲む男性より、バイクや車が生きがいと言っている男性より、スタイルのいい女性を連れている男性より、月へ行っちゃう男性より、大企業に勤めている男性より、本物の男になったらあなたはカッコイイ。資格ばかり持っている男性より、帽子や眼鏡や装飾品ばかりにこだわっている男性より、声ばかりが大きい男性より、とにかくあなたのほうがカッコイイのだ。

要は自分を信じる力という勇気だ。自分が信じられないなら、自分の選んだ女性を信じろ。死ぬ気で支えていけ。茶碗を洗い、ゴミを捨て、洗濯をして、甘い誉め言葉を言おう、本気で。あしらわれても笑われても、船長のことを一番に考えて行動を起こしていくのだ。

何度でも言う。テクニックではない。彼女の**本物の価値に敬意を示す**のだ。

その先の待っている幸せな日々にあなたは涙を流すだろう。

あなたが選んだチャーミングなパートナーは、最高に勇敢で、夢見る女性で、最高に誠実で優しい女性なのだ。純粋な魂の結びつきの先には幸せしかないのだから。

彼女を笑わせよう、最高の毎日を送ろう。

冴えない男のあなたたちは必ず地球を救うのだから。

しかし、ここで気づいたことがある。ある意味、私が勧める相手のための忍耐を、多くの人ができないのは、相手の女性に惚れていないのかもしれないということだ。

だからこそ、**男は本気で好きになった女と結婚しろと言いたい。**本気で惚れていなければ、到底できっこないことなのだ。逆を言えば、惚れていない女性と妥協で結婚することは、両者にとって地獄なのかもしれない。

船の沈没だ!!

第２章　離婚を考えている妻たちへ

舵取りという覚悟

離婚を考えているあなたは今、夫にうんざりしていると思う。話にも支えにもならない冴えない男だ。何一つ重要なことは決められない。そのくせ自分の好きなことにはのめり込み、お金にも家族のためにもならないことばかりする。今までの苦労は計り知れない。

しかし、ここで覚悟を決めてほしい。

毎回の喧嘩を早く切り上げろとか、子供のために頑張れとか、ストレスを発散しろとか、そんなことではない。今以上頑張れとも言わない。

ただ、覚悟をもって船長になってほしいのだ。

今の彼には荷が重いし、頭のいいあなたしか「家族」という名の船は動かせない。

冴えない男には、サーキットや船にたとえて彼がいかにバカなことをやってきたのか、どうするべきかをここまで書いてきた。彼らはきっと理解してくれている。

だからお願いします。船長としてここにいてください。舵取りは一人でいい。

あなたは思うだろう、これ以上何をやればいいのかと。

簡単だ。あなたは、船を操縦しやすいように彼に指示することだ。嫌味や遠回しな言い方は全くもって必要ない。分かりやすく指示を出すだけだ。彼らは知っての通り有能ではない。だから、あくまでもゆっくり分かりやすく。

彼はあなたの今までの怒りや不自然な声色や表情に敏感になってしまっている。

だから、明るくゆっくり簡単に指示を出すのだ。

彼が望む仕事をしたからといって舵を渡す素振りも必要ない。夫を立てる必要はないのだ。もちろんけなす必要も全くない。

船長たるもの、人格者でなければならない、理想の船長像を描き、それになるのだ。


華麗に船を操縦するのだ。

可愛げのあった頃に戻る必要はない。あなたはあの頃より素晴らしい。必死で子育てをし、トイレを磨き、布巾が臭くならないように清潔にし、自分の美容院代を削り、朝食の残りをその日の昼に食べ、ドライブでは車の助手席で歩いている人の幸せを願い、そうやって生きてきたのではないだろうか。そんな自分に自信をもって、己を変えずに航海をしてほしい。

船長はいちいち機関長に許可を求める必要はない。船に必要なものは揃え、船の看板である自分も十分に癒やし、着飾らなければならない。その価値があるのだから。

自分の価値をきちんと知ることだ。あなたのやってきたことは、誰にでもできる当たり前のことではないのだから。

その中でお願いしたいことがある。

あなたの選んだパートナーは口下手で、正直頭もそう良くはない。気の利いた一言も言えないだろう。だから回りくどい言い方はやめてほしい。悟ってもらおうなどという甘えはやめてほしい。彼への相談事は、自分をイラつかせるだけだからやめてほしい。試すこともやめてほしい。

分かりやすく指示を出してほしい。「ありがとう」とか感謝の胡散臭い言葉なんか必要ない。彼にどう動けばよいのかという心の本音を言葉にしてほしい。

優しくして、甘い顔をして、彼に何かしてもらえることを期待しても期待外れなのだから、はじめから期待などしないほうがましだ。やってほしいことを、清々しく、とびきりの笑顔で言えばよい。

お風呂から上がったら、「冷たいお茶を淹れて」と言えばよい。

あなたは今まで、彼のポジションと操縦の仕方を分析できないでいた。だから毎日イラついていたのだ。自分の能力を発揮できないことほどイライラすることはない。相手に話が通じていないと、優しくできない上にイライラする。顔も見たくないどころか、「気合を入れろ！」と叫んでぼこぼこにしたくなる時も数えきれなかったことだろう。

あなたの夫はおそらく見た目は悪くない、おしゃれをしていないだけである。女にモテようとも思わない、いやむしろモテない、いや違う、真実はあなたとのバトルに疲れて年々モテなくなっていって、今はさっぱりモテないのだ。

そして、モテもしない彼がまたお荷物に思え、雑に扱う。

あなたは今、この最悪な無限ループに陥っている。

私はあなたに、もう一度彼を好きになれとか、折れろとか、そういうことを言いたいのではない。彼を信じろとも言わない。優しい言葉をかけろとも、良妻賢母になれとも言わない。

ただ、どの男性を選んでも、はっきり言って同じなのではないだろうかということを考えてほしい。理解不能な性格や個性や癖はやがて絶対に顔を出す。例えば、女遊び、ギャンブル、荒い金遣い、刺激的な性癖、不衛生な生活、家計を握りたがる等。そんな中で、あなたの夫は**「冴えない男部門」**で入賞してしまっているのだ。実はこの冴えない男部門は、女性次第でどうにでもなる。要は、何度も言うようにあなたが自分を知ること、何をしたいか、どうしたいかをはっきりさせ、伝えていかなければならない。

あなたは、何をしている時が一番幸せなのか。

どんな人生を送りたいのか。

それがはっきりしないまま、包容力があると見せかけた華やかさも特技もない男性にどうにかしてもらおうとするからイラつくのだ。そんな男性を可哀想と思い、たまに飲み会に行かせるから、さらに大嫌いになるのだ。

本書を読んだ彼は、自分のするべきことを学んでいる。とはいえ、すぐには実践できないか、訳の分からない動きをするかのどちらかだろう。しかし、もう怒る気力はないだろう。

だから、そんな彼にまず言ってみてほしい。「おいしいお茶を淹れて」と。

これはテクニックでもない。人を思い通りにする説明書でもない。相手を思いやれとか愚痴を言うなとかあの頃を思い出せとか強要するものではない。

自分が何を求めているのかちゃんと知ってほしいのだ。

あなたは疲れている。いつも１００キロの相撲取りを背中に背負っている心境だろう。振り払おうとしたって無理だ。家のローンや子供の成長は待ってくれない。旗当番の代わりだっていやしないのだ。そんな中、何を頑張れと言うのか……と。

しかし彼は敵ではない、家族という名の船の船員だ。しかし彼は船長ではない。知力、勇気、交渉術が圧倒的に足りないからだ。あなたの居心地のいい船にするのだ。あなたの思うように、過ごしやすいようにするのだ。船長らしく素敵な衣装を身に着けるのだ。誰にも遠慮はいらない。

そして、彼を船から降ろす選択は半年待ってほしい。

熟年離婚も待ってほしい。

ここまで船を航海させてきたのだ。諦めるのはまだ早い。航海が怒りに満ちていたのは、紛れもなく彼に要求したことが**レベルの高すぎる指示**だったからなのだ。

あなたの言いたいことはよく分かる。しかし、もう少しだけ、この船に彼を乗せてあげてほしい。あなたは素晴らしく、家族が大好きなのだから。
冴えてる女のすべきことはこれだ。

1. 自分の人生をしっかりと思い描く。一体どうなったら幸せなのか
2. 自分にご褒美はもちろん、彼にも常にあなたのご褒美に積極的になってもらうこと
3. 船長は人格が大切である。暴言は品格を落とす。船長としての自信もなくす。直ちにやめよ
4. 機関長をフルに使おう。彼らは本書を読んで理解ができれば動いてくれる。あなたの機嫌が良ければ「ありがとう」と言って、ほっぺにキスしてあげよう。気分が乗らなければお礼もキスも必要ではない
5. もしも明日、彼が死んだら、あなたは泣く。しかし彼は思っているだろう。「死んじゃってごめんね」と。恨み事など一言もないだろう。それが彼の本音だ。あなたと同じで家族が大好きなのだ。彼が明日死んだら……と想像し

てみよう

6．過去のことをほじくり返すのは自己満足。そんなバカげたことでストレスを作ることはやめにしよう。必要ならば彼に今までの頑張りを心から労ってもらおう。その時の指示は簡単だ。「謝って」「誉めて」「コーヒー淹れて」でよい。

人生という航海をする沢山の船がある。パートナーを乗せたり家族という船員を乗せている船はとても賑やかだろう。きらびやかな船に乗りたいとか、ただ安全に航海をしたいとか、プランは様々かもしれない。しかし、どの船にも言えることは、宝を沢山のせているということだ。笑顔、笑い、思い出、そのどれもが船の宝なのだ。

これから沢山の感動的な景色を見ることができるだろう。二人で共感できることもあるだろう。人生はアッという間だ。今からの時間を喧嘩や無言の日々で埋め尽くしては勿体ない。

心の痛みの重要性

常日頃思っていることがある。

優しい人間は、**やり方を間違えると潰される**ということだ。そして、この世は自分の中に確固たる価値観がないと、自分の人生をのびのびと生きられない。

どれだけ多くの人が自分という個性を殺して生きているだろうか。こうあれば、こうすれば愛されるという生き抜くために自分が作り上げたルールに則り、今という苦しい人生を生きている。偽物の、偽りの自分を周りに認められ、おだてられ生きている。

命の教育もいいだろう。小さな野の花や動物の命も大切だ。しかし、そんな教育はまともに自分を認められてこそ活きることなのだ。小学生程度の小さな子供に命は大切だと何度訴えたとて、そんなことより、留守番の多さをどうにかしてほしいと子供は思っているはずだ。

ある女性は幼い頃、生きるのが辛かったという。愛情深く思い接してくれる人がいなかったのだ。とても病弱だった彼女は手術や注射をたくさんして、幼い子なら泣き叫ぶような治療を受けた。しかし涙一つこぼさなかった。なぜなら個性の強い子供だった彼女の、それまでに味わってきた精神の苦痛や、一人孤独に耐えて眠りにつく毎日を思い浮かべると、泣くに値することでなかったからだ。最初から誰も信用していないのだ。泣いて暴れたって誰が助けに来ようものかと。それどころか、自分自身に言い聞かせるほうがはるかに腑に落ちた。

「こんなこと、心の痛みに比べればたいしたことではない」

彼女はそうやって肉体的痛みに耐えた。そして大人になり、母になった時、自分の子供が階段から転倒し額を縫うけがをした。手術の前、彼女は子供にこう言った。

「今から魔法の呪文を教えてあげる」

そして噛みしめるように言ったのだ。

「心の痛みに比べればこんなことたいしたことじゃない」

すると子供はますます泣き叫んだ。

彼女はしっかりと手を握り子供を励まし手術を終えた。

傷が癒えた頃、子供は言った。

「お母さんの手は魔法だね。安心したもん。でもお母さんの呪文はさっぱり意味が分からないよ。だって僕には心の痛みなんてないから。悲しいことがあってもいつもお母さんがいて、話して忘れちゃうし。注射より痛い心の痛みなんて僕には分からない」

女性は、自分が生きてきた世界と我が子の生きてきた世界が全く違うことに気づけなかった自分に驚いた。そして、自分がしてもらいたかったことを自分の子供にしてきた育児に初めて大きな誇りを持てたのだ。彼女は心から感謝した。自分の辛かった日々と、自分をいつも支えてくれたパートナーである夫に。

人は、安心できる居場所を持った時に、何が間違いで、何に無理をして、何に疲れて生きてきたか、また何に自分が癒やされてきたのかを知ることができる。**厳しさなんて、人生にはむしろ無用なのではないか。**

その居場所は様々だが、家族や夫婦は大きな居場所の１つに他ならない。

その中で、お金でもなく、地位や名誉でもなく、目に見えるものではない幸せを感じた時、人は本来の自分らしく、心から誰かを愛せるのではないだろうか。

「そんなことまで考えて生きていない」

「私は繊細とは無縁の人間だから」

と言う人がいるが、そんなこと堂々と言うものではない。

他人の人生のことだって自分の人生のことだって、しっかり考えなければ、感じなければ、適当な見せかけだけの幸せしか手に入らない。

給料のために働くのもいいだろう。世間体を気にして適当に浮気して離婚しないのもいいだろう。しかしそんなことをして手に入れられる幸せなんて、たかが知れている。人は、人生の過程でいろいろな過ちを犯す。しかしそのどの過ちもこれでいいんだという強い覚悟がなければ駄目なのではないだろうか。なぜなら、適当な気晴らしは、**何も得ることのないただの無駄**に他ならないから。そんなものに時間という命使って真実に気づいた時、立ち直れないくらいの後悔に苛まれるだろう。

命がある以上、人は、自分なりの結論と覚悟をしっかりと見極めることが大切なのだ。飾られただけの綺麗な言葉になんて誰も心を揺さぶられないし、感動とはほど遠い。

失敗したってそこから**生きる力を見出した者の言葉には命が宿る。**相手の運命をも変える力があるのだ。

少し夫婦の話題からはずれたように思うかもしれないが、家族という名の船に乗る者として、生きる姿勢についても考えてほしい。考えることを諦めたら沈没船になるだろう。

見極めるのだ。

何が今必要なのか。

何が本物で何が偽物なのか。

自分の弱点を知るのだ。

信頼できる人を周りに置くこと。

この船で自分ができることを。

形だけのものと心のこもったものすら見抜けなくて、一体どうやってこの先、航海をして人生を歩んでいくのか。

人には育ってきた環境がある。その中で培われてきた人格や信じるものがある。

親の言うことが絶対という思いの中で家庭を持つ人も多い。

常識さえ教わらなかった人間が家庭を持つこともある。

愛を十分受けた人間が家庭を持つ。


決して同じではない。

生きる力をなくしてないか？

自分の生きてきた道のりでパートナーに惹かれたものは何だろうか。きっとパートナーとの関係に希望を持ち、頑張り続けたあなただから、安定やお金ではないと思う。ましてや地位や名誉、ましてや顔でもないはずだ。きっと**優しさ**だろう。彼の純粋で何気ない、時に輝く笑顔、天然な一言、そういった心温まるものに間違いなく惹かれたはずである。

今のあなたは、もう頑張れないと思っているだろう。でもそれは違う。方向が間違っていたのだ。

いつも夫に笑顔を向けられないのは、夫が気が利かないからでも、夫の足が臭いからでも、夫の白髪が一気に増えたとか給料が安いとかではないはずだ。

あなたは言いたいのだ、**「私を助けて」**と。

「一生懸命はもう分かった。臨機応変に動くことを期待するのはもうやめる。だから、この人生を歩もうとあなたを選んだ私を、もう先が見えないくらい強がっても強がっても耐えきれないから、船を沈没させたくないから助けて」と。

つまりはもう限界なのだ。ありがとうとも思わないのに、口先だけの「ありがとう」なんてもうやめよう。

どうせ今のあなたは疲れきっていて、攻める力がないのだ。ハンドルや舵をにぎらせようとパートナーを立てることをやめよう。

分かりやすくたとえて説明し、どのように動けばあなたの助けになることができるのか指導するのだ。教えるのだ。感情はいらない。

日曜日の家族の団らんが、趣味のパチンコより競馬よりバイクのツーリングよりサッカーやソフトボールより仕事より大切だと教えるのだ。本当は強いできる女性なのに、責任を持ちたくないからと、彼の質問に「自分で決めたら？」と答えるのはただの意地悪だ。

「あなたの自由にして」といい女ぶっていながら、彼が家庭を顧みないことに**愚痴を言うなかれ**。責任を持とうとも持たずとも、しっかりとアドバイスをしよう。

細かいアドバイスはいらない。こうしてほしいということをしっかりと伝えるのだ。

彼が物事を決められる頼もしい男性なら、はじめからこんなに長い間、幸せでもない不幸せでもない低温調理のようなジクジクとした痛みを経験しなくて済んだのだから。

自分自身も強くならなければならないのだ。

夫と揉めるのに疲れた？　疲れ上等、それが生きているってことなのだ。

面倒くさい？　それも上等、起き上がりこぶしのように、船長として、彼には勿体ない妻として、母親として立ち上がれ！　何度でも立ち上がるんだ。

それが幸せを追い求めるということ。それが自分の軸を立てるということ。

幸せになることを諦めてはならない。楽になる日を自然に任せていいのは流れが正しい時だけだ。**「現実が嫌で投げ出す人間に明日はない」**と思うくらいで丁度いい。

好きでもない人にご飯を作るお手伝いさんに成り下がらなきゃならないのは、他でもない自分自身が**生きる力をなくしている**からではないだろうか。

自分に自信がないと相手に過度に人は尽くす。結果を得られていないのに女性が男性に尽くす理由が、自分を好きになってもらうことで自分に自信をつけるという自分本位のものであれば、必ず相手は目の前から消えるであろう。つまりは、本当の自分の求めることに注目しなければならないのだ。必要なら、人は自分のために、家族のために、どんなバカな夫とでも闘わなければならない。

今まで夫をＡＴＭだと思い込もうとしたり、長男とかペットと思おうとしたに違いない。しかし彼らはそんなものじゃないのだ。ＡＴＭでも大きい長男でもペットのチワワでも雑種でもない。彼はただ、あなたと家庭を愛している普通の暮らしを望む**勇気のない男**なのだ。

彼を男として船に乗せようではないか。

彼の成長のために人として働かせようではないか。彼を船から降ろす前に、離婚に踏み切る前に、この本に免じてもう一度だけチャンスを与えてほしい。

分かりやすく簡単に書いたこの本の内容を、彼らは彼らなりに理解してくれたと私は信じている。

こんなにも一生懸命に自分の人生を考えたあなたが選んだ人なのだ。

彼はまだあなたを幸せにできる、きっとできるのだから。

第3章　冴えない男の地球を救う底力

心が通じ合えた時

冴えない男であるあなたが頑張って、本当の力で妻を支えた時、この世界は変わるだろう。

妻がストレスで癌になってその時に気づいて何になる?

その時に最高の女だったと称賛して一体何になるというのだ。

愛とは日常を司るものである。

死が押し迫るその日がいきなり来た時、「あの人は私を間違いなく愛していた」と妻が胸を張れる日々をあなたは妻と共に送っているだろうか。

冴えない男が妻を本気で支えた時、妻から**「ありがとう」**の言葉が出るだろう。

「ありがとう」「愛している」以外にもっともっとあなたに愛を伝える言葉がこの世にないことが悔しくてたまらなくなるだろう。

そしてあなたの帰りを、抱き着きたい気分で待つだろう。

あなたを考え夕飯の支度をするであろう。

威圧感も強制力もないのにその力を妻から引き出せることこそが、冴えない男の底力なのだから。

そしてキラキラ輝く妻は、間違いなくキュートな外見と、よく回転する頭と思いを語るその口で、子育てに地域活動に仕事に家庭にと沢山の愛を振りまくだろう。

そうなれば家庭が変わる。地域が変わる。社会が変わる。日本が変わる。世界が変わる。そして宇宙が変わるのだ。

そうなれば、もう真実の愛を求め月へ行く必要なんかないのだ。


だから、頼む、冴えない男よ、立ち上がれ。

あなたたちは未来の地球を救うヒーローなのだから。

私はあなたを信じてる！　妻はあなたを信じている！

これは理屈やテクニックではない、
物事のプロセスをきちんと踏むことだ。

何が1番大切かいつも表現せよ!!

どうして妻が義理の姉を嫌うのか、どうして妻があなたの母親を悪く言うのか。義姉が嫌いだからではない、夫の母親が嫌いだからではない、妻はあなたを信じてあなたの船に乗りこんだのだ。本気だ。船の行く手を阻むものは、女性でも子供でも容赦しない。その中で、彼女だって自信をなくすこともある。船の航海がこれでいいのか迷うこともある。パートナーのあなたが実家に頻繁に電話をかけたり、「姉ちゃん」「兄ちゃん」と、家族の名前があなたの口から出るたびに傷ついているのだ。

彼はこのおんぼろの船より他の船を気にしてばかりいる、と。他の船に乗りこみたいのか、あるいはこの船に対して傾けている情熱が自分とは違うのか、と。

彼女はその不満を愚痴で表す。

そこであなたがバカな一言を浴びせる。

「俺の家族の悪口言うな！」

ほんとうに何も分かってない一言である。

そこでかけるべき一言はこう。

「あんな奴らのすることなんてほっとけ。あいつらがこの船の足を引っ張ろうものなら、俺が爆弾投げてやるから心配するな。この船は世界一の船なんだ」

つまり、**「世界一の家庭なのだ」**と言うのだ。

すると妻は言うだろう、それはそれは最高の笑顔で。

「自分の母親でしょ。爆弾なんか投げちゃだめだめ。あなたを育ててくれた大切な人よ」

そこであなたは「そうだよな」なんて言ってはいけない。こう言おう。

「お前は甘いな、俺はこの船が一番大事なんだ。俺にとっての家族はこの船だけ」

ここで、「おれは嘘をつけないタイプなんで」と訳の分からない人間の美学を言ってくるのが冴えない男。その意味不明で何のためにもならない真面目さと不器用さでどれだけ妻を傷つけてきたのか。そんな意味のない真面目さなんて捨ててしまえ。**中途半端な正直さなんて必要ない。**

あなたの正直さなんてカツラの上司に、

「どう見てもそのカツラ、カツラにしか見えません、そのカツラも人の役に立とうとしてるんです。もっとまともに、自然にかぶってください」

と言っているようなものだ。どれほど意味がなくバカげているのかがお分かりだろうか。

本当のThe Endとは

しかし、彼女を気持ちよく船長に祭り上げたとしても、別のタイムリミットがやってくる。今度は彼女があなたを船から降ろすのではなく、彼女が冷静に降りたいという時だ。

その時が来たらもう止められないのだ。どんな情熱も「もう手遅れだ」ということで終わってしまう。答えは出たのだ。成長しなかったあなたへの答えだ。

大体の女性は船長なんかになりたくない。怒鳴り散らしてるクレームおばちゃんだってそうだ。そう、あなたは変わる努力も勇気も足りなかった。

彼女に伝わらなかったのだ。

そして、彼女の船長でいられるタイムリミットが来ただけの話だ。

タイムリミットと意識する自分の見せ方

彼女に船長を任せられるのはせいぜい子育てが落ち着くまでの10年から15年ほどだ。これが限界だろう。この間は足を引っ張らない有能な機関長、総取締役として生きていくとともに、その中盤には、船長になる準備もしていくのだ。スキルアップ、お肌の手入れ、経済の動きの観察。ただの豆知識ではなく、彼女が投資に興味を持ち出した時に分かりやすく説明できるようにしておくべきだ。

そして、「子育ても落ち着いたしお揃いで高級時計でも身につけよう。お店に見に行かない？」と、**意外性という名の刺激的喜び**も味わわせよう。

船員たちが落ち着いてきて（子育ての一区切り）、冷静にあなたを分析される前に刺激でごまかそう。

これからの人生は楽しもうという明るい雰囲気を醸し出し、俺といる人生は楽しいぞ、子育てが終わっても楽しいぞ！　という名の刺激だ。

優しさより逞しい刺激。そしておやじ臭のない清々しい香りだ。

ここではあえて的場浩司ではなく福山雅治だ。

この入れ替わりに失敗した者こそが、変な時期に離婚している。そう、熟年離婚もその1つだ。年がいって、少年の心を持ちすぎた夫なんてうんざりするだけなのだ。必要のなくなった父親として役に立とうとするポジションにしがみつくのも間違いだ。

たじろぐなかれ、**全力で青春**するのだ。

そして、今までは、自分のものを我慢して生きてきた人生だったかもしれないが、それからは「車が欲しい」「パソコンが欲しい」「釣り竿が欲しい」と、口が裂けても言えなかった自分の希望を言っていいのだ。

妻は、本当は思っているはずだ。今までサポートしてくれたあなたに感謝の気持ちを表したいとも。そこでこう思う。「この人も意志のある男なんだ」と。

そう、**「芯のある男」**。

あなたはそれを間違いなくゲットできるに違いない。

そこであなたが言うのは、思いっきり申し訳ないなぁと思う気持ちを表した活気のない「ありがとう」ではない！　活気のある喜びの舞だ！

「ひゃほぉおおおおお！　ありがとう！　最高だぜ！　これ乗ってどこ行く？　君の好きな曲をガンガンかけて、グラサンかけて、ハッスルしちゃおうよ！」

もう完全に痛いおっさんだ。しかしここで彼女は「なんだかこれからの人生楽しそう」と思うだろう。冷たい目線かもしれないが。間違いなく心は浮かれている。

私の人生面白くなるわ、と思うだろう。

そういうものだ。ここは福山雅治から、あえての夢と希望と遊び心の詰まった哀川翔の顔をチラ見せだ!!

「この人なんか持っているかも」

そう思わせたら、あなたはもう、存在感のない、冴えない男ではない。

この努力は、どうでもいい人のためにやるのではない。好きな女性のためにやるのだ。

自分が本気で守りたいと思って結婚を決めた日を思い出してみよ。それから今現在、ガミガミ言う妻の目の奥を見てみるのだ。そして心の声を聴け。

「あなたを信じたい」

「いつまでこんなこと続けるの」

それはそれは切ない声が聞こえることだろう。

事の流れるままに別居したあなた、レンタルしたベンツで妻のパート先まで迎えに行ってみろ。

「お姫様、お迎えに来ました」と言ってみろ。

そして、今まで耳が痛いと思っていた話を真剣に聞け。10時間聞いて受け止めるのだ。どんな文句も黙って聞け。妻はあなたに素晴らしい意見なんて求めていない。そんなものあなたに整理できないことはこれまでで十分に分かっているのだから。

いつだって、あなたの逃げない目の奥の誠実さ、家族を愛するという情熱、夢、希望、明るさというものが相手を救うのだ。だからただ聞くのだ。

極端に言えば、女性にお金をせびるヒモ男は、

「ほんとにかわいいね」

「こっちに来て抱きしめさせて」

「来年グアムにでも行こう」

「何かあれば俺が命かけて守ってやる」

「大金持ちになったらエルメスのバッグ買ってやるからな」

などと、実行できないことをペラペラと言って自分への好意を継続させている。相手を認め、愛情と情熱のある言動は、退屈な日常から離れた夢を見せる希望のある発言だ。

彼らのような男性にほだされるのは、安易に優しい言葉に流される女性にももちろん弱さがあるからなのは確かだ。しかしながら彼らの100分の1、いや100

0分の1でも、あなたは愛、情熱、夢を妻に与えているだろうか。それらを継続的に与えられればあなたの人生も妻の人生も確実に変わる。スペシャルに変わる。

変わるのはあなただ

即刻変われ、今変われ、秒で変われ。

なぜなら妻は今まで十分あなたに忍耐しているのだから。

自分の弱さゆえの忍耐ではない、家族のために命の時間を削って生きてきたのだ。

世の中にはいろいろな夫婦がいる、カップルがいる。パターンを書けばきりがないだろう。

しかし今、あなたが変わることによって、明日という日に確実に輝きを見出せることは確かだ。

その積み重ねこそが本当に求めるものを手に入れるためなのだ。

それこそが幸せなのだ。

プライドなんてものは捨ててしまえ！

冴えない男のよくある結末

ここ数年目立ってきているのが、冴えない男の訳の分からない結婚生活の結末だ。

彼らは泣いている。

「家族を愛していたのに」

そして、妻たちも涙を流す。

「いい人はいい人なんです。でももう無理なんです。自分のことをこれ以上嫌いになりたくない」

こんなこと、あってはならない。子供がいるならなおさらだ。

いろいろな理由がある。それぞれにいろいろなことを私も細かく伝えたい。

しかし、そんなことをしていては間に合わないのだ。する必要のない離婚があっという間に進んでいく。それほどまでに妻をうんざりさせてしまっているのだから。

今すぐ立ち上がれ。

夢も希望も見出せない仁王像のような妻の心に歩み寄れ！

愛を伝えるのだ。

「離婚の話だけど、俺はしないから。

だって一番大切なものを失うと俺は一生後悔する」

そんなこと、などと思うな。今まで時間があったにもかかわらず、そんなことさえもしてこなかった冴えない男なのだから。

素晴らしいあなた

あなたは素晴らしい。心にないことを言えない誠実さ、どんな罵声の中でも生き抜く忍耐力、寝てしまえば気分が冴えてくる単純さ、お笑い番組を見て笑える素直さ、家族のために行動する優しさ、自分なりの精一杯をやり抜くひたむきさ、妻をお手伝いさん扱いしていることに気づかない鈍感さ、沢山の幸せになれる条件を持っている。

あとは**勇気**、**情熱**、**愛**、**希望**、**夢**だ！

無理だと決めつけるな。

あなたはもっともっと幸せになれる!!

苦手の克服、キーワードは情熱

余談だが、情熱のなせる業のほんの少しばかりの自慢を聞いてほしい。

実はこの本を書くにあたり私は克服しなければならないことが山ほどあった。書くための時間、何からやればいいのかの頭の整理だ。そして何より私からやる気を奪ったのは機械、つまりは苦手なパソコンに向かうことだ。これに2年はかかっているだろう。

ローマ字を1本の指で打ち込む。それをどうやって保存するのだ？　どうして訳が分からないところに空白ができるのか。もう嫌だ、もう嫌だ、お金で解決できるなら助けて欲しいと、私は文字起こしのプロに依頼した。ボイスレコーダーを送るのでパソコンで打ってくれませんかと。

「データで送ってください」

との返事。データとは何だ？

私は、話を録音したボイスレコーダーを郵便で送ると言っているではないか。

すると……。

「ボイスレコーダーなどの受け渡しは行っていないんです」

いや、ボイスレコーダーの機械なんて手元に返ってこなくていいのだ。あなたに差し上げよう。とにかくとにかく文字に起こしてほしいのだ。

するとメッセージが届いた、

「このお話はお断りさせて頂きます」

ちょっと待って！

口コミで評判の良いあなたにお願いしたいんです。私、決して怪しい人ではないんです。私、結構まともな人間なんです、普通の人間なんです。むしろ常識的に生きてるほうだと思いますが、ただパソコンがめっぽう苦手で、なぜだか私のパソコン、改行と共に文字が勝手に移動するんです。助けてくれ!!

そう心で叫んだ。

しかし、私は相手を不快にさせたなら、なんだか悪いと思い諦めることにした。

そして、最後に謝罪のメッセージを送った。

「本当に機械音痴で失礼なことを頼んで申し訳ありませんでした」

すると届いた。

「このメッセージはお受けできません」

相手にも届かなかったのだ。

私は怪しい者じゃないんだってばぁ！　心の底で叫んだ。

私は安易に頼んだのではない、スマホの小説アプリも使った。近所の文具店で原稿用紙と書きやすいシャープペンだって買った。

文房具店からの帰り道で思った。

「なんだかんだ言っても手書きじゃ!!　心が込もるし、文字が踊りだすこともない。

間違っても消しゴムで綺麗に消してまた書ける。なんて清々しいのだ。アプリのように書いたあとでプリントできないなんて落ちはない。何ならパソコンで言うところの編集をしながらの同時印刷みたいなものなのだから、今こそ見せてやる、原始人の力を！」

と言わんばかりの意気込みだった。

しかし待っていたのは地獄。通知表にいつも「文字を丁寧に書こう」と書かれていた日々を思い出す。コンプレックスは字が汚いこと。そうだ、私の字は書くのが嫌になるくらい汚い。そしてうろ覚えの漢字を１回１回調べる。地獄じゃねぇか！

書きたいことを足したい時、ハサミで切り分けて書いた紙を糊で張り付ける。工作状態。こりゃまた地獄じゃねぇか！

これは大変だ。書いてるほうも地獄だが、これをあとで見る編集者はきっともっと地獄になることは目に見えている。地獄、地獄の無限ループじゃねぇか！

私は出版社の担当者へ電話をしてみた。いろいろ聞いてくれた担当の方が結局は、「やっぱり編集を考えるとパソコンが楽でしょうし、打つことに関してはご本人がされるしかないですね。そこはこちらでは何とも言えません」

そうだ、その通り、最高だ。なんて誠意のある人だろう。嘘のない言葉、変な人扱いもしないで、グダグダ言う私の話を聞いてくれ、まともなこと言ってくれたものだ。

分かっていた、心の奥では分かっていたさ。本を書きたいのは私、やらなきゃならないのも私だ。

この本を書く意味があるからやるのだ。もうやるしかない。

私は心で叫んだ。

「やってやる！　どんな年配の教師だって『学年だより』をパソコンで打っているじゃないか！　やれない訳はないんだ。いつかは終わる、必ず終わる」

関係ないが、「いつかは終わる、必ず終わる」という言葉で陣痛も乗り切った。

1本指でもいいではないか、心を込めて文字を打ち込むのだ。データじゃなくてもいいと言ってもらったではないか。あとは打つだけ。中学校で習った上書き保存をこまめにやって書き続けるだけだ。ノルマは原稿用紙フォーマットで最低80ページ。

やってやる。待ってろよ!!　冴えない男たちと、冴えない男と一緒にいる女よ!!

私はボイスレコーダーをすべて消去して、アプリもゴミ箱へ放り投げた。

どれだけの思いで今から本を書くか、自分がいかにパソコンが苦手か、グダグダと甘えた言い訳がましい理由をはじめに書きたい衝動を抑えてパソコンへ向かった。

そして1行目を1本指で打ち込んだ。

「冴えない男は地球を救う」

伝えたい言葉があった。

努力は必ず報われる→納得のいく努力は必ずその後の人生を豊かにする

もしもこの本が1冊も読んでもらえなかったら私の努力は無駄になるのか？　いや違う。そうなったら私が一生かけて手売りすればいいのだ。

「ちょっとそこのどう見ても冴えない男の人、またはその冴えないご主人をお持ちのイラついてるあなた、読んで絶対損はないよ。生き地獄はもう終わりだよ」と。

本書を書くにあたって私は自分のことをまた好きになれた。

しかしそこにたどり着けたのは、労いに入れてもらった甘いココアの優しさではない。消えたら恐いと無意味に画面を開きっぱなしにしたパソコンのお陰でもない。

ただ一つ、伝えたいという**情熱**だったのだ。

妻との関係であなたの望むような結果を得られなかったとしても、つまり結果はどうであれ、私はあなたの勇気を信じている。あなたが自分を変えようとしたことを他の誰が認めなくとも関係ない、私は認めている。
顔も名前も知らないあなただけれど、きっと情熱をもてば、あなたは目の前の、**一人の女性を幸せにできる。**そしてそれができれば、幸せな女性は愛を育むことができ、子供にもそれを伝えていくのだ。そしてそれがどんどんどんどん連鎖して広がって地球の隅々にまで行き渡るのだから。

情熱が湧き出てきたら、
あなたはもうすでに地球を救うヒーローだろう。
いや、ヒーローなのだ！
健闘を祈る！

いつか、逞しくなった自信と情熱溢れる「冴えてるあなた」に会えると信じ、愛をこめてこの言葉を贈る！

冴えない男は地球を救う！

最後に

この本を最後まで読んでいただき本当にありがとうございます。

私のお店には1年を通して沢山のお客様が来て下さっています。

予約を取りにくくなっている今でも、貴重な時間を割いて会いに来ていただいていることに感謝しかありません。

私が私らしくいられる場所をお客様に与えていただき、本当にありがとうございます。

皆さんが悩み迷ったその時、ほんの少しの時間ですが皆さんの人生に寄り添うことができることは、本当に嬉しい限りです。

これからも微力ながらも命ある限り、いえ命尽きてもずっとずっと、皆様の幸せを祈り続けます。

そして、私の日常を支えてくれている、優しさ溢れる家族の一人ひとりに、大切な友人、知人に心から感謝します。

また、本を出すことに協力して下さった文芸社の皆様にも、心よりお礼申し上げます。

安藤 弥生

著者プロフィール

安藤 弥生（あんどう やよい）

1979年、長崎県生まれ。
幼少より得意なリーディングを生かしアドバイスをするうちに占い師となる。紹介予約制となっている自身の占いの店は連日素敵なお客様で溢れている。

紹介予約制の店内
「オレンジの木」

冴えない男は地球を救う！

2020年10月15日　初版第1刷発行

著　者　安藤 弥生
発行者　瓜谷 綱延
発行所　株式会社文芸社
〒160-0022 東京都新宿区新宿1－10－1
電話 03-5369-3060（代表）
03-5369-2299（販売）

印刷所　株式会社平河工業社

ISBN978-4-286-21926-4